MANUEL

DE LA

POLICE DU ROULAGE,

A L'USAGE

Des Propriétaires, des Voituriers, des Agents chargés

de constater les contraventions, etc. ;

Par Eugène **CÉLIÈRES,**

AVOCAT, ARCHIVISTE DU DÉPARTEMENT.

A MONTAUBAN,

CHEZ LAPIE-FONTANEL, IMPR. DU ROI ET DE LA PRÉFECTURE.

1848.

PRÉFACE.

L'espoir d'être utile à l'agriculture et à l'industrie m'a engagé à écrire et publier ce manuel. En quoi cet espoir pourrait-il se réaliser? Le voici :

Les procès-verbaux dressés pour contraventions à la police du roulage atteignent encore partout, et principalement dans les départements sillonnés, comme celui de Tarn et Garonne, par un grand nombre de routes, un chiffre élevé.

La véritable cause de ces nombreuses contraventions provient, à mon avis, de l'ignorance, généralement répandue, de la législation sur cette matière.

Les administrations départementales, et, je me

plais à le constater, spécialement celle qui dirige le département de Tarn et Garonne, se font un rigoureux devoir de donner la plus grande publicité aux prescriptions concernant la police du roulage; mais cette publicité, si grande qu'elle puisse être, reste, en réalité, pour bien des gens, à l'état de fiction.

En serait-il autrement, les lois sur le roulage parviendraient-elles à la connaissance de tous, qu'il suffirait d'un court espace de temps pour en rendre le souvenir imparfait.

Ces prescriptions, en effet, toutes de rigueur, et qu'il faut exécuter *à la lettre*, ont besoin d'être souvent remises sous les yeux, même par les hommes familiarisés avec l'étude des lois. Certains arrêts du Conseil - d'État, qui s'y rattachent, ont, en outre, une trop grande importance pour rester ignorés.

Mû par ces considérations, j'ai pensé qu'un *Traité pratique* qui résumerait la législation sur cette matière, ferait connaître, en même temps, la jurisprudence du Conseil-d'État sur les questions les plus usuelles, et donnerait quelques indications sur la manière de présenter des défenses devant le Conseil de préfecture, dans tel ou tel cas donné, pourrait obvier à ces inconvénients.

J'ai pensé qu'il pourrait fournir aux uns, immédiatement, et sans efforts de recherches, les indications qui leur seraient nécessaires, et servir de jalon à ceux qui voudraient se livrer à des études plus approfondies.

C'est dans cet esprit et pour arriver à ce résultat que le Manuel sur la police du roulage a été conçu.

S'il trouvait un accueil bienveillant, en considération de la pensée qui l'a dicté, si, surtout, en facilitant les moyens de bien connaître les limites entre le *droit* et la *contravention*, il contribuait à diminuer ce second impôt qui pèse sur les classes laborieuses, j'aurais réalisé un de mes vœux les plus chers.

Montauban, le   février 1848.

INTRODUCTION.

Donner la plus grande liberté possible au commerce
du roulage et maintenir en même temps une sage
réglementation pour la conservation des routes, est
un problème qui excite, depuis plus d'un siècle,
la sollicitude des gouvernements et des législateurs,
sans qu'une solution définitive ait encore pu se faire
jour. Un coup-d'œil rapide jeté sur les lois et
ordonnances qui se sont succédées pour arriver à
ces fins nous fera comprendre aisément tout ce qu'il
y a de difficile pour parvenir à concilier, par une
législation durable, deux intérêts hostiles aux yeux
d'un grand nombre et qui ont cependant entre eux
de puissants liens de solidarité. Une mauvaise
viabilité ne rendrait-elle pas, en effet, plus difficiles
et plus dispendieuses les relations commerciales ?

Ce n'est que sous le règne de Louis XIV et
sous l'administration de Colbert que parurent les

premiers réglements sur la police du roulage. Les voies de communication venaient de prendre une certaine extension, il fallait songer à les garantir des dégradations auxquelles les exposerait la liberté illimitée du roulage. Ces réglements durent être, comme tout ce qui commence, d'une grande imperfection.

Postérieurement, un arrêt du 17 novembre 1724 fixa le nombre de chevaux à atteler aux charrettes à trois en hiver et quatre en été. Cette restriction fut appliquée en 1783 aux charriots et aux voitures à quatre roues, que l'arrêt de 1724 n'avait pas explicitement désignés. Cet arrêt laissait en dehors de toutes prescriptions les voitures à jantes de 6 pouces ($0^{m}17^{c}$ environ) et au-dessus. Une pareille exception nous prouve qu'il était déjà démontré que la largeur des jantes était un élément essentiel pour maintenir le bon état des routes sillonnées par des voitures lourdement chargées.

Cette législation existait encore lorsque la révolution vint en suspendre pour quelque temps l'exécution. Dans ces temps de crise la liberté illimitée reprit tout son empire. La dégradation des routes exigea bientôt de grandes réparations, ce qui donna lieu, vu le mauvais état de nos finances, à la loi fiscale du 3 nivôse an VI. Cette loi établit des péages sur la circulation des voitures. Des préposés aux barrières furent nommés pour percevoir ce nouvel impôt destiné à l'entretien des routes. Elle reçut quelques modifications de la loi du 7 germinal an viii, et fut, enfin, supprimée par la loi du 24 avril 1806.

La loi du 29 floréal an x, en créant les ponts à bascule, posa, par la vérification du poids des voitures, la première base du système de chargement avec des jantes d'une dimension donnée.

La loi du 7 ventôse an xii, tout en portant quelques modifications à la loi de floréal an x, vint déléguer au pouvoir exécutif le droit de fixer, d'après les expériences faites sur les roues à larges jantes, le tarif du poids des voitures et de leur chargement, droit qui a produit, depuis lors, de précieux résultats.

Le décret du 23 juin 1806 fut le premier effet de cette délégation. Il résuma les expériences ordonnées par M. le comte de Montalivet, alors directeur des ponts et chaussées. Une révolution dans le système du roulage fut opérée. Le nombre des chevaux attelés qui avait joué, jusqu'alors, le rôle principal, n'eut plus de portée, et les voitures de roulage ne furent désormais assujetties qu'à la limitation d'un poids proportionné à la largeur de leurs jantes. L'article 1.er de la loi du 1.er messidor an xii, qui ne détermine aucun minimum de largeur de jantes pour les voitures attelées d'un cheval, fut seul maintenu : cet article est encore en vigueur. Nous trouverons l'occasion, plus tard, de faire ressortir les inconvénients qui en découlent.

Le décret du 23 juin 1806 peut être considéré

depuis quarante ans comme le Code du roulage, pour tout ce qui tient au mode de poursuites et au jugement des contraventions. Les tarifs ont seuls subi des modifications. Né dans un temps de crise et de guerre, il pouvait reposer sur des calculs appropriés au besoin de l'époque, mais qui ne se se justifient plus de nos jours.

L'expérience est venue démontrer tout ce qu'il a d'incomplet. Les contraventions y sont, souvent, mal définies, les amendes peu en harmonie avec le degré de culpabilité et, surtout, avec l'esprit général de notre législation pénale. La procédure à suivre devant les tribunaux administratifs y est aussi complètement oubliée, et, s'il n'existait des usages sagement introduits par ces tribunaux, ainsi que nous l'indiquerons plus tard, les justiciables pourraient éprouver de graves préjudices de cet état de choses.

Parmi les nombreux inconvénients qui découlent du décret du 23 juin 1806, quelques-uns ont pu être amoindris par le pouvoir exécutif, agissant dans les limites du mandat qui lui avait été conféré par l'article 7 de la loi du 1.er messidor an XII. Le rapport de la largeur des jantes avec le poids des voitures a été, par exemple, établi sur des bases beaucoup plus exactes par diverses ordonnances que nous allons sommairement énoncer :

L'ordonnance du 15 février 1837 a élevé le poids des voitures de roulage à quatre roues de 11 et de 14 centimètres de jantes. Celle du 8 octobre 1844, basée sur ce principe (reconnu par la Chambre des Pairs) qu'au - delà d'une certaine largeur de bandes, la surface de contact avec le sol restait à peu près la même, à raison de la double convexité de la bande et de la roue, a diminué le chargement des voitures à bandes de 17 centimètres et élevé, derechef, le poids des voitures à jantes de 11 et 14 centimètres. Cette ordonnance a, en outre, élargi le cercle des exceptions qui ont toujours existé en faveur des voitures d'agriculture. Elle supprime toutes limites de poids pour les voitures *d'agriculture proprement dites*, et étend l'exception, avec certaines limites, aux voitures plutôt destinées au transport et à l'écoulement des denrées, qu'à l'agriculture elle-même.

Les voitures destinées, soit au transport des voyageurs, soit au transport des marchandises, allant au trot, avec ou sans relais, avaient aussi pour règlement fondamental le décret du 23 juin 1806. A ce décret succéda l'ordonnance du 16 juillet 1828 qui autorisa l'emploi de jantes de 14 centimètres pour pouvoir élever les chargements. L'ordonnance du 23 avril 1834 voulant favoriser ces jantes larges, accorda encore une augmentation de poids, ce qui n'empêcha pas la jante de 14 centimètres d'être abandonnée, parce qu'elle était peu favorable à la rapidité du déplacement. A cette dernière ordonnance succéda celle du 15 février 1837 qui attribua un poids plus élevé aux jantes d'une moindre largeur. Elle n'admit plus que les jantes de 11 centimètres et les plaça dans la condition assignée, auparavant, à celles de 14 centimètres. Nous devons ajouter que cette faveur ne fut accordée qu'aux voitures suspendues sur ressorts métalliques.

Le décret de 1806 et les ordonnances postérieures n'avaient établi aucune distinction entre les voitures à deux et à quatre roues : l'ordonnance de 1837 réduisit à moitié les chargements des voitures à deux roues.

Enfin, l'ordonnance du 5 octobre 1843 est venue mettre à exécution le fruit de nouvelles expériences : elle a de nouveau baissé le maximum de la largeur des jantes pour faciliter la vitesse, tout en augmentant le chargement.

Il eût été impossible d'aller plus loin sans compromettre l'existence des voyageurs : cependant, pour arriver à un poids supérieur, on a imaginé un nouveau système de construction de voitures, système que nous décrirons sous cette rubrique, qui en augmente la solidité. Ce perfectionnement a dicté l'ordonnance du 29 octobre 1845 qui accroît le poids de ces voitures de 200 kilogrammes.

Il est d'autres inconvénients inhérents au décret du 23 juin 1806 qui ne peuvent disparaître qu'au moyen d'une loi Pour arriver à ce résultat, pour asseoir sur la police du roulage une législation complète, fruit de l'expérience et des observations, de nombreux travaux ont été faits.

Déjà en 1829 une commission supérieure instituée pour examiner les questions qui se rattachaient aux routes et aux canaux présentait sur la police du roulage, par l'organe de M. le marquis d'Escayrac-Lauture, un rapport dans lequel les changements et les améliorations réclamées par cette branche de la grande voirie, étaient présentés avec clarté et intelligence.

Bientôt après, un projet de loi, calqué sur ce rapport, et sur l'avis d'une commission d'ingénieurs des ponts et chaussées, fut envoyé à MM. les Préfets pour leur demander leur avis personnel et recueillir, en outre, les observations des Conseils généraux et d'arrondissement, ainsi que des Chambres de commerce, pour, qu'à l'aide de tous ces documents, le projet fût utilement modifié avant d'être présenté à la délibération des Chambres.

Depuis lors, plusieurs projets de loi ont été élaborés, discutés et adoptés, tantôt à la Chambre des pairs, tantôt à la Chambre des députés, mais, de part et d'autre, avec des amendements qui ont toujours fait rester la loi à l'état de projet. Le dernier projet adopté par la Chambre des pairs dans le courant de la session de 1844, et présenté à la Chambre des députés le 29 avril de la même année, a été ensuite retiré par ordonnance royale du 10 février 1845.

Nous ne nous dissimulons pas les nombreuses difficultés que doit rencontrer le législateur pour doter la France d'une loi si nécessaire, mais qui

doit avoir, avant tout, des conditions de durée.
Espérons, toutefois, que cet ajournement ne sera
que provisoire. En émettant ce vœu, nous ne
sommes que le faible écho de tous les Conseils
généraux de France, expression eux-mêmes des
besoins du pays, qui réclament, dans l'intérêt de
l'agriculture et du roulage, la révision d'une loi
reconnue par tous imparfaite.

DIVISION.

Pour donner un ordre méthodique à la discussion, il nous a paru nécessaire de diviser en trois
chapitres les matières qui se rattachent à la police
du roulage.

Le premier de ces chapitres se subdivise lui-même
en 1.º voitures employées au roulage du transport
de marchandises, 2.º voitures employées à la culture
des terres, au transport des récoltes, à l'exploitation
des fermes.

Le second chapitre comprend les voitures dites
messageries, diligences, et fourgons, allant au trot,
avec ou sans relais.

Le troisième traite des règles qui sont communes

aux matières contenues dans les deux précédents.

Nous avons cru devoir placer en tête des deux premiers chapitres un tableau qui fera embrasser, d'un coup d'œil, les nombreuses variations subies par les tarifs de chargement, et indiquera, en même temps, ce qui a été maintenu ou abrogé.

Tous nos efforts ont tendu à présenter ces matières avec ordre, clarté, précision, pour en faciliter l'intelligence, et éviter toute perte de temps dans les recherches aux hommes même les moins initiés à l'étude des lois. Puissent-ils ne pas rester sans effet !

POLICE DU ROULAGE.

CHAPITRE Ier

Ire SECTION. — Voitures employées au roulage, ou transport des marchandises allant au pas.

§ Ier JANTES.

ARTICLE Ier On appelle *jantes* les pièces de bois recourbées qui forment le cercle de la roue d'une charrette.

Il est facile de comprendre que les jantes ou bandes des roues, suivant qu'elles ont plus ou moins de largeur, doivent, à égal chargement de voiture, détériorer plus ou moins une route.

D'après ce principe, qui a cependant des limites, ainsi que nous l'indiquerons plus tard, il y a toujours eu un rapport plus ou moins exact entre le chargement des voitures et la largeur des bandes. Nous voyons, par exemple, au tableau A, n.º 1. (loi du 7 ventôse an XII), que la largeur des jantes était proportionnée au nombre de chevaux attelés à la voiture. On avait supposé que deux, trois, quatre chevaux ne pouvaient traîner que tel ou tel poids, et on avait essayé de mettre la largeur des jantes en rapport avec le chiffre présumé de chargement. C'était une combinaison, seulement elle était imparfaite.

Le décret du 23 juin 1806 (tableau A, n.° 2), limita les poids d'après la largeur des jantes. Il fit jouer le rôle principal, si je puis m'exprimer ainsi, à ce qui n'avait eu jusqu'alors que le rôle secondaire, c'est-à-dire que les jantes déterminèrent le taux des chargements, tandis qu'auparavant c'était le nombre de chevaux attelés, expression d'un poids, qui déterminait la largeur des jantes.

Le système introduit par ce décret est celui qui nous régit encore.

Il résulte de ces observations que les prescriptions relatives à la largeur des jantes et aux chargements des voitures, se lient d'une manière assez intime ; cependant quelques règles sont spéciales à l'une et à l'autre de ces matières. Aussi, tout en indiquant leur espèce de confraternité, nos avons cru devoir les traiter, pour éviter toute confusion, sous deux paragraphes différents.

2. L'art. 1.er de la loi du 7 ventôse an XII porte : « A compter du 1.er messidor an XIV, les roues de » voitures employées au roulage dans toute l'étendue » de la république et *attelées de plus d'un cheval* seront » construites avec des jantes dont la largeur est » déterminée par la présente loi. »

TABLEAU A.

Variations subies par les Tarifs des chargements des voitures employées au roulage ou transport de marchandises, allant au pas.

N.° 1. — Loi du 7 ventôse an XII. Art. 2.

Abrogé en entier........

Largeur des jantes.		
11 centim.	Voit. à 2 ou 4 roues.	Attelage, 2 chev..
14 centim.	Idem........	3 chevaux......
17 centim.	Voitur. à 2 roues.	4 chevaux......
17 centim.	Voitur. à 4 roues.	4, 5 ou 6 chevaux.
25 centim.	Voitur. à 2 roues.	Plus de 4 chevaux.
22 centim.	Charriots.......	Plus de 6 chevaux

N.° 2. — Décret du 23 juin 1806. Art. 3.

Abrogé en entier........

Largeur des jantes.	VOITURES A 2 ROUES.		VOITURES A 4 ROUES.	
	Du 1.er novembre au 1.er avril.	Du 1.er avril au 1.er novembre.	Du 1.er novembre au 1.er avril.	Du 1.er avril au 1.er novembre.
11 centim.	2,200 kilogram..	2,700 kilogram..	3,300 kilogram..	4,000 kilogram..
14 centim.	3,400.........	4,100.........	4,700.........	5,700.........
17 centim.	4,800.........	5,800.........	6,700.........	8,100.........
25 centim.	6,800	8,200.........	8,700.........	9,600.........
Tolérance..	200 kilogrammes, en toutes saisons		300 kilogrammes, en toutes saisons.	

N.° 3. — Ordonnance du 15 février 1837. Art. 1.er

Abrogé................
Maintenu jusqu'au 2 octob. 1849..
Maintenu..... Tolérance.....

Largeur des jantes.	VOITURES A 2 ROUES.		VOITURES A 4 ROUES.	
	Du 20 novembre au 1.er avril.	Du 1.er avril au 20 novembre.	Du 20 novembre au 1.er avril.	Du 1.er avril au 20 novembre.
de 11 à 14 c.	2,700 kilogram..	3,200 kilogram..	4,400 kilogram..	5,200 kilogram..
de 14 à 17 c.	3,500.........	4,100.........	5,600.........	6,700.........
17 c. et au-dessus.	4,200.........	4,900.........	6,800.........	8,100.........
1 centim...	200 kilogrammes, en toutes saisons.		300 kilogrammes, en toutes saisons.	

N.° 4. — Ordonnance du 2 octobre 1844. Art. 1.er

Actuellement en vigueur....
Cet article du tarif n'aura d'effet qu'à partir du 2 octobre 1849.
Tolérance.....

Largeur des jantes.	VOITURES A 2 ROUES.		VOITURES A 4 ROUES.	
	Du 20 novembre au 1.er avril.	Du 1.er avril au 20 novembre.	Du 20 novembre au 1.er avril.	Du 1.er avril au 20 novembre.
de 11 à 14 c.	3,100 kilogram..	3,600 kilogram..	5,000 kilogram..	5,800 kilogram..
de 14 à 17 c.	4,000.........	4,600.........	6,000.........	7,000.........
17 c. et au-dessus.	4,800.........	5,600.........	6,700.........	7,800.........
1 centim...	200 kilogrammes, en toutes saisons.		300 kilogrammes, en toutes saisons.	

Cet article n'a pas été abrogé, il n'aurait pu l'être que par une loi. Il en résulte que les voitures attelées d'un *seul cheval* ne sont soumises à aucune règle pour la largeur des jantes. La force d'un cheval est encore l'expression d'un poids supposé inoffensif.

Cet état de choses est très-préjudiciable pour les routes. Dans les divers projets de loi présentés aux deux Chambres, et dans les discussions qui ont eu lieu, tout le monde a reconnu qu'il fallait modifier cette tolérance empruntée à la loi de l'an xii, dont les effets deviennent de jour en jour plus onéreux à l'État et aux départements.

3. Lorsqu'un attelage n'est composé que de chevaux, il est facile de constater s'il y a ou s'il n'y a pas contravention ; mais un cheval peut se trouver réuni à d'autres espèces d'animaux de trait, à un mulet, à un âne, etc.... Y aurait-il dans ces derniers cas contravention, ou bien devrait-on accorder à la voiture ainsi traînée le bénéfice accordé à l'attelage d'un seul cheval ?

Ces questions toutes pratiques ont donné lieu à des décisions diverses.

4. Le Conseil-d'État avait décidé (4 mars 1830. Maquin.) qu'un âne attelé avec un cheval n'ayant pas une force qui pût être évaluée à celle d'un second cheval, la voiture ne devait être soumise à aucun minimum de bandes.

Depuis lors, se basant sur un principe beaucoup plus rigoureux, il a adopté une nouvelle jurisprudence. Il décide qu'il y a contravention lorsque l'attelage se compose d'animaux *dont les forces réunies dépassent celle d'un cheval* (8 juin 1842. Cadin). De là, il semblerait que toutes les fois qu'il y a un cheval et un autre animal de trait, si faible qu'il soit, attelés à une même charrette, il y a contravention.

Néanmoins, quelques Conseils de préfecture, et celui de Tarn et Garonne en particulier, professent une opinion contraire. Ce dernier vient encore de décider, par un arrêté du 15 novembre 1847, fortement motivé (*), qu'il n'y avait pas contravention.

En attendant que le Conseil-d'État fixe d'une

(*) *Arrêté du 15 novembre 1847....* — Attendu que la difficulté consiste à déterminer, par interprétation de l'article 1.er de la loi du 7 ventôse an XII, si, en parlant des voitures attelées de plus d'un cheval, le législateur a entendu soumettre aux prescriptions relatives à la largeur des jantes toutes les voitures de roulage, dont l'attelage se composerait, entre un cheval, d'un autre animal quelconque, ou seulement celles dont l'attelage serait au moins de deux chevaux ou de deux animaux assimilés par leur force à deux chevaux ;

Qu'on ne peut consulter avec fruit sur ce point ni la loi antérieure du 29 floréal an X, ni le décret postérieur du 23 juin 1806, puisque leurs dispositions s'écartant du principe adopté par la loi du 7 ventôse an XII, ne caractérisent les contraventions que par la largeur des jantes et le poids du chargement, et non pas par le nombre des chevaux d'attelage comparé à la largeur des jantes ;

Que la loi du 7 ventôse an XII est donc restée dans toute sa force en ce qui concerne les voitures signalées par son article 1.er, lorsque leur poids est inférieur au tarif du décret de 1806 ou des règlements postérieurs ;

Qu'à l'égard même de ces voitures, c'est l'amende fixe de 50 fr.. portée en l'art. 3 de ladite loi de ventôse. qui doit être appli-

manière irrévocable sa jurisprudence à cet égard, nous croyons devoir engager les propriétaires de voitures à n'atteler qu'*un seul cheval* à celles dont les jantes n'auront pas 11 centimètres.

5. Les forces réunies de deux mulets ont été

---

quée, sans s'occuper des amendes variables et progressives du décret de 1806, ce qui prouve avec plus d'évidence que cette loi n'a été abrogée que dans celles de ses dispositions qui se trouveraient en contradiction avec ledit décret;

Que, pour interpréter l'art. 1.er de la loi de ventôse, on ne peut donc recourir qu'à cette loi elle-même, surtout si son texte montre sans ambiguité quelle est la saine entente des mots sus-nommés : *Voitures attelées d'un seul cheval.*

Qu'on saisit parfaitement le sens de ces expressions en rapprochant le texte de l'art. 2 du texte de l'art. 1.er ;

« Le minimum de la largeur des jantes des voitures de roulage (porte cet art. 2) est fixé par le tarif suivant :

» Voitures à 2 ou à 4 roues attelées de 2 chevaux. 11 cent.

» Les mêmes voitures attelées de 3 chevaux......... 14 cent.

Que bien évidemment le décret de 1806, en établissant un tarif gradué par le poids du chargement, a anéanti toutes les dispositions ci-dessus, sauf la première relative aux voitures attelées de deux chevaux ; qu'en effet, si cette disposition avait été abrogée aussi, il s'en suivrait qu'il n'y aurait de contravention pour ces voitures, qu'autant que leur poids dépasserait le minimum du tarif du décret de 1806, ce qui les soustrairait presque toujours à l'amende, puisque les chargements des voitures à 2 chevaux sont ordinairement de 2700 kilogrammes (minimum du tarif);

Que dès-lors, si la première disposition dudit article 2 subsiste encore, elle subsiste dans le sens que lui avait donné la loi, c'est-à-dire qu'il n'y avait de contravention qu'autant que les voitures à jantes de moins de 11 centimètres étaient attelées de deux chevaux, ou, si l'on veut, par assimilation, de tel nombre d'animaux égalant la force de *deux chevaux;*

considérées comme supérieures à celle d'un cheval
(29 juin 1844. Courtois).

6. Deux bœufs sont-ils censés avoir une force
supérieure à celle d'un cheval?

Le Conseil-d'Etat, se basant sur un arrêt du
Conseil du 20 avril 1783, a résolu négativement
la question (ordonnance du 23 décembre 1842,
Cazeau). Il suit de là qu'un attelage de bœufs peut
traîner une charrette chargée, à jantes étroites.

Qu'il est incontestable que, sous l'empire de cette loi, on
n'aurait pu prononcer l'amende de 50 fr. contre ceux qui avaient
fait circuler des voitures à jantes de moins de 11 centimètres
attelées d'un cheval et d'un autre animal n'ayant pas la force
d'un cheval, parce que l'article 2, expliquant l'article 1.er,
disait clairement que par voitures attelées de plus d'un cheval,
elle entendait les voitures attelées de deux chevaux ;

Que si cela était vrai avant le décret de 1806, cela est vrai
encore, puisque dans aucune de ses dispositions, ce décret n'est
relatif aux contraventions qui résultent seulement de la force
de l'attelage ;

Que le Conseil-d'État l'avait ainsi jugé le 4 mars 1830, et
que si plus-tard il a rendu plusieurs arrêts contraires, on n'y
trouve aucun motif qui réponde aux moyens ci-dessus analysés,
et qui ont constamment servi de base à la jurisprudence du
Conseil de préfecture ;

Que sans doute, il peut arriver qu'un mulet soit attelé avec
un cheval, ou que deux ânes soient attelés avec un cheval, que
dans ce cas et autres cas semblables, le Conseil n'hésiterait pas
a reconnaître, par assimilation, comme il l'a fait déjà, que la
force de ces animaux égalait celle de deux chevaux, mais
que dans l'espèce actuelle il ne peut en être ainsi, parce que
la charrette n'était attelée que d'un cheval avec un âne, etc.....

M. *Mallet*, conseiller-rapporteur.

7. Une voiture à jantes de moins de 11 centimètres, attelée d'un seul cheval, mais attachée par des chaînes à une première voiture attelée de plusieurs chevaux, tombe dans la prohibition de la loi du 7 ventôse an XII.

8. La défense d'atteler plus d'un cheval aux voitures à jantes étroites (il est utile d'indiquer le plus de solutions possibles) s'applique même aux voitures circulant *à vide*, mais avec la destination d'un transport de roulage (ordonnance du 6 juillet 1843). Dans ce cas, le voiturier doit chercher à établir, dans ses défenses, que sa voiture *vide* n'était pas destinée à un transport de roulage.

9. Cette faveur accordée aux voitures attelées d'un cheval ou de *l'équivalent* d'un cheval, a entraîné après elle de nombreuses contraventions. Il arrive souvent qu'un seul cheval traînant facilement un certain poids sur une route bien battue et en plaine, se trouve trop faible pour parcourir des routes nouvellement empierrées ou gravir des côtes rapides. Peut-on dans ces divers cas atteler un cheval de renfort ?

Le Conseil-d'État avait décidé qu'il y avait dans tous les cas contravention (ordonnance du 16 juillet 1842. Jacquot). M. le Ministre des travaux publics, cédant à des sollicitations nombreuses qui lui arrivaient principalement des pays de montagne, autorisa, par décision du 24 novembre 1842, l'attelage d'un cheval de renfort aux voitures à jantes de moins de 11 centimètres, c'est-à-dire aux voitures traînées par un seul cheval, mais *seulement* pour le passage des côtes rapides.

Pour pouvoir user de cette faveur, il faut que les *rampes à parcourir* aient, au moins, cinq centimètres d'inclinaison. Si cette inclinaison n'existe pas, le cheval de renfort donne lieu à une contravention

Ce cheval doit être détélé immédiatement après que la côte a été franchie. Nulle excuse, nous ne craignons pas de nous répéter, n'est admise en matière de prescriptions réglementaires et surtout dans l'espèce où les abus deviendraient si faciles.

Nous devons ajouter qu'il n'est pas toujours facile aux voituriers de connaître si les rampes qu'ils ont à franchir ont, au moins, cinq centimètres d'inclinaison. Il serait à désirer, pour que toute difficulté disparût à cet égard, que MM. les Préfets fissent dresser et publier un état des rampes ou côtes de leur département avec leurs inclinaisons. Il est prudent pour les voituriers, lorsqu'ils craignent que l'inclinaison de 5 centimètres n'existe pas, de ne pas atteler de cheval de renfort : le doute ne les absoudrait pas.

10. La contravention des jantes étroites, qui consiste, comme nous venons de l'examiner, dans le fait d'atteler plus d'un cheval à une voiture à jantes de moins de 11 centimètres, se constate par le mesurage au moyen de jauges en fer, poinçonnées par l'administration (art. 19) du décret du 23

juin 1806). Elle peut être également constatée par le simple mesurage.

§ II. Poids.

Voir le tableau A, n.° 4, pour les tarifs de chargement en vigueur.

11. Le poids du chargement des voitures est fixé, ainsi que nous l'avons déjà dit, d'après la largeur des jantes. L'ordonnance du 2 octobre 1844 (tableau A, n.° 4) a élevé dans une proportion assez forte les chargements pour les voitures à jantes de 12 à 14 centimètres, et a diminué au contraire les chargements des voitures à jantes de 17 centimètres et au-dessus. Les expériences ont, en effet, démontré qu'au-delà d'une certaine largeur des jantes, la surface du contact avec le sol restait à peu près la même à raison de la double convexité de la bande et de la route.

12. Cependant, pour donner aux entrepreneurs de roulage la facilité d'user, sans éprouver de perte, un matériel établi à grands frais, cette même ordonnance (art. 5) ajoutait que les nouveaux poids attribués aux voitures à jantes de 17 centimètres et au-dessus ne seraient obligatoires que deux ans après sa promulgation.

Une seconde ordonnance du 22 septembre 1846 a prorogé d'une année le délai fixé par l'art. 5 ci-dessus mentionné; et enfin, une troisième, à la date du 1.er octobre 1847 proroge encore ce délai jusqu'au 2 octobre 1849, c'est-à-dire pour deux ans, temps pendant lequel ces voitures jouiront des tarifs fixés par l'ordonnance du 15 février 1837.

13. Elle fixe, reproduisant en cela l'ordonnance du 15 février 1837, une différence de poids dans le chargement entre la saison d'été et la saison d'hiver (tableau A, n.° 4).

Des réclamations nombreuses se sont élevées contre ces changements de tarifs, qui se justifient, cependant, par des arguments bien sérieux. Ne semble-t-il pas évident que lorsque les routes sont détrempées, elles subissent plus facilement des dégradations que lorsque les chaleurs ont raffermi le sol ?

§ III. Tolérance.

14. Une foule de causes, inutiles d'énumérer, peuvent augmenter le poids d'un chargement conforme au tarif dans l'origine. Aussi, depuis le décret du 23 juin 1806, on a tenu compte d'une certaine différence dans le poids ; il n'y a que les limites de cette tolérance qui aient changé.

L'article 2 de l'ordonnance de 1844 porte : « Il » est accordé sur la largeur des bandes des roues » une tolérance d'un centimètre ; il est accordé *en* » *toute saison*, sur les poids, une tolérance de 200 » kilogrammes pour les voitures à deux roues et de » 300 kilog. pour les voitures à 4 roues. »

Il résulte de cet article que la tolérance est plus grande pour les voitures à 4 roues que pour celles à deux roues, et qu'elle est la même dans la saison d'hiver et la saison d'été.

Il est prudent de faire les chargements suivant le tarif, et non en y joignant le surplus de poids accordé par la tolérance. Les personnes qui procèdent ainsi s'exposent à des contraventions presque certaines, car des causes, souvent inévitables, viennent aggraver le poids du chargement durant le trajet et établissent une surcharge.

§ IV. Vérification des Poids.

15. Le poids des voitures ayant été limité par le décret de 1806, il fallut prendre des mesures pour pouvoir constater ces sortes de contraventions. Voici comment s'exprime l'article 10 du décret du 23 juin 1806 :

« La vérification du poids des voitures désignées
» dans le présent décret, sera faite gratuitement,
» au moyen des ponts à bascule déjà établis ou à
» établir par la suite. »

Il résulte de cet article que ce sont les préposés aux ponts à bascule qui sont spécialement chargés de constater le *poids des voitures*.

16. L'article 12 du même décret offre aux voituriers le moyen de s'assurer, avant le départ, du taux de leur chargement :

« Pourront les propriétaires de voitures et les
» rouliers, avant de commencer leur voyage, se
» présenter aux ponts à bascule, pour s'assurer
» du poids, soit des voitures vides, soit des voitures
» chargées, et éviter, par-là, de s'exposer à la
» contravention. Dans ce cas, ils paieront aux pré-

» posés, à titre d'indemnité, cinquante centimes
» pour une voiture vide, et un franc pour une
» voiture chargée. »

Si cette mesure de précaution était suivie, le nombre des surcharges s'amoindrirait considérablement. Les divers projets de loi qui ont été présentés aux Chambres portaient que les préposés aux ponts à bascule seraient obligés de faire ce pesage *gratis*. S'il en était ainsi, les voituriers n'auraient plus de prétexte pour ne pas soumettre leurs voitures au pesage, lorsqu'il y aurait un pont à bascule à l'endroit où ils auraient fait leur chargement, et cet usage, il n'y a pas à en douter, produirait les plus heureux résultats.

17. Le pesage au pont à bascule n'est pas le seul moyen qu'on puisse employer pour connaître le poids d'une voiture ; car, là où il n'existe pas de pont à bascule, les contraventions resteraient impunies.

Les agents qui ont qualité pour dresser des procès-verbaux peuvent se faire représenter les *lettres de voiture* dont sont porteurs ceux qui transportent des marchandises. Si les énonciations de poids leur paraissent fausses, ils peuvent, encore, faire constater ce poids au moyen d'une estimation contradictoire, en présence du conducteur de la voiture. (2 mai 1845. Lemoine et Baron).

18. Tout voiturier qui pour éviter de passer au pont à bascule se détournerait de sa route, sera tenu sur la réquisition des préposés, de la gendar-

meric ou autres agents qui surveillent le service des ponts à bascule, de conduire sa voiture pour être pesée sur ce pont à bascule (art. 43 du décret du 23 juin 1806).

Les mesures indiquées par cet article étaient nécessaires pour enlever aux contrevenants la possibilité de se soustraire au pesage.

19. Le refus de faire subir le pesage à une voiture, quel qu'en soit le motif, entraîne présomption légale du *maximum* de surcharge. (Voir entr'autres ordonnances celle du 6 septembre 1842. Lecat).

20. Si le voiturier a seulement déposé une partie de son chargement avant le pesage, et que les énonciations du procès-verbal permettent de reconnaître le poids des colis soustraits au pesage, le Conseil de préfecture doit écarter la présomption du *maximum* de surcharge, et déterminer, d'après le poids des colis déchargés, quel a été l'excès de chargement. (Ordonnance du 2 janvier 1844).

Quelques Conseils de préfecture et entre autres celui du département de Tarn et Garonne, examinent même, dans le cas ou le procès-verbal ne fait pas reconnaître le poids approximatif des colis soustraits au pesage, s'il peut y avoir d'après le le nombre de chevaux attelés ou d'autres circonstances, ou ne pas y avoir maximum de surcharge. On ne saurait qu'applaudir à cette jurisprudence dictée par le bon sens et la justice.

Le voiturier qui s'est rendu coupable de cette

contravention doit chercher, par conséquent, à établir dans ses défenses le poids réel que devaient avoir les colis soustraits au pesage.

Nous aurons occasion de faire connaître, plus tard, les peines auxquelles s'exposent ceux qui outragent ou font subir de mauvais traitements aux préposés aux ponts à bascule.

§ V. Clous a tête de diamant.

21. Il fallait nécessairement limiter la longueur des clous des bandes. Ils eussent été, sans cette précaution, une des causes les plus fréquentes de la détérioration des routes. L'article 15 du décret du 23 juin 1806 y a pourvu :

« Les défenses d'employer des clous à *tête de* » *diamant* sont renouvelées : tout clou des bandes » sera rivé à plat et ne pourra, lorsqu'il aura été posé » à neuf, former une saillie de plus d'*un centimètre.* »

§ VI. Essieux et Moyeux.

22. Après avoir pris des mesures pour prévenir la détérioration des routes, il restait, encore, à limiter la largeur des voitures pour éviter les accidents qui auraient pu survenir et ne pas nuire à la commodité de la circulation. La largeur des voitures de roulage a été fixée par les limites de l'essieu et des moyeux.

23 L'*essieu* est le morceau de fer arrondi par les deux bouts qui vient aboutir aux deux moyeux ; c'est, en un mot, l'axe de la charrette. La loi du

29 floréal an x ne parlait pas de la dimension des essieux. L'article 7 de la loi du 27 ventôse an XII donna mandat au Gouvernement de fixer cette dimension, ce que fit l'article 16 du décret du 23 juin 1806 : « La longueur des essieux de toute
» espèce de voiture, même de culture et de labou-
» rage, ne pourra jamais excéder 2 mètres 50 cent.
» entre les deux extrémités, et chaque bout ne
» pourra saillir au-delà des moyeux de plus de 6
» centimètres. »

24. Les moyeux sont la partie du milieu de la roue où l'on emboîte les rayons et dans le creux desquels entre l'essieu.

« Aucune charrette, voiture de roulage ou autre
» ne pourra circuler dans toute l'étendue du
» royaume qu'avec des moyeux dont la saillie, *en*
» *y comprenant celle de l'essieu*, n'excédera pas de
» 12 centimètres un plan passant par la face exté-
» rieure des bandes. » (Art. 1.er, ordonnance du 29 octobre 1828).

Il suit de ces deux articles, que l'écartement des roues et la saillie des moyeux ne peuvent dé-passer certaines limites. Les voituriers ne doivent jamais, par conséquent, se servir d'une voiture neuve sans s'être convaincus, après examen, qu'elle a été construite d'après les règlements.

§ VII. Obligations imposées aux voituriers sur les routes.

25. Afin de compléter l'examen des mesures qui

ont été prises pour la liberté et la commodité de la circulation, nous croyons utile de rappeler aux rouliers ou voituriers les obligations qui leur sont imposées par l'ordonnance du 16 juillet 1828, et qu'ils méconnaissent presque toujours. Voici comment s'exprime l'article 34 de cette ordonnance : « Conformément aux dispositions de l'article 16 » du décret du 28 août 1808 et de l'ordonnance » de 1820, les rouliers, voituriers, charretiers » continueront à être tenus de céder la moitié du » pavé aux voitures des voyageurs, sous les peines » portées par l'article 475, n.° 3, du Code pénal.

» Les Conducteurs des voitures feront, en cas » de contravention, leur déclaration à l'officier de » police du lieu le plus voisin, en faisant con- » naître le nom du roulier d'après la plaque, et » nos Procureurs, sur l'envoi des procès-verbaux, » seront tenus de poursuivre les délinquants. » (Art. 35, ordonnance du 16 juillet 1828).

Ils sont également obligés de se tenir constam- ment à la portée de leurs chevaux.

§ VIII. Mesures particulières. — Dégels.

26. Nous venons de parcourir les règles géné- rales qui s'appliquent aux voitures de roulage ; il existe, encore, quelques règles spéciales qui n'ont d'effet qu'à certaines époques de l'année.

A l'époque des dégels le roulage *peut* être sus- pendu sur les chemins pavés. La loi du 29 floréal an x, art. 6, qui n'a fait que renouveler, sur ce point, une ordonnance du 12 novembre 1720, a posé le principe, et l'ordonnance du 23 décembre 1816 a établi les règles qui doivent être suivies. Ces mesures ne reçoivent, le plus souvent, d'application que dans les départements du nord de la France. Nous ne faisons, par ce motif, qu'indiquer les lois et ordonnances qui régissent cette matière.

§ IX. Plaque.

27. Il eût été illusoire de prescrire des règlements et infliger des amendes à l'infraction de ces règlements, si l'on n'avait pas pris des précautions pour connaître le nom des délinquants. Le voiturier contre lequel un procès-verbal est dressé, se trouve souvent éloigné de son pays, et il lui eût été par trop facile de s'attribuer un nom qui n'eût pas été le sien. Pour obvier à ce grave inconvénient qui eût également entravé les mesures de police, l'article 34 du décret du 23 juin 1806 porte : « Tout propriétaire de voiture de roulage » sera tenu de faire peindre sur une plaque de » métal, en caractères apparents, son *nom* et son » *domicile*. Cette plaque doit être *clouée en avant* » *de la roue et au côté gauche de la voiture.* »

Tous les termes dont se sert cet article sont de rigueur. Les indications qu'il fournit ne *peuvent* pas être remplacées par des *équivalents*, ainsi que le croient bien des personnes. Quelques ordonnances du Conseil-d'État que nous allons citer vont suffisamment l'indiquer.

28. La plaque ne peut être suppléée par une feuille de papier portant les indications nécessaires, ni par une inscription au pinceau sur le brancard de la voiture. (Ordonnance du 11 août 1841. Ministère des travaux publics).

29. Elle ne peut être suppléée par une plaque en bois. (Ordonnance du 26 août 1841).

30. Plusieurs voitures conduites par un même voiturier doivent avoir chacune une plaque. (Ordonnance du 15 juillet 1842).

31. La mise en circulation d'une voiture de roulage sans plaque sur une route, constitue une contravention, même lorsque le propriétaire la conduirait dans un lieu quelconque, avec l'intention d'y faire mettre une plaque. (10 janvier 1843).

32. Il ne suffit pas qu'une plaque en métal soit clouée à une voiture, il faut encore qu'elle soit lisible.

Lorsque la plaque est illisible, l'excuse prise de ce qu'elle aurait été corrodée par les matières qui composaient le chargement de la voiture n'est pas valable. (13 avril 1842).

33. La mise en circulation d'une voiture de roulage avec une plaque portant un nom et un domicile autres que celui du propriétaire, constitue une contravention alors même que la voiture aurait été achetée à celui dont le nom serait indiqué sur la plaque. (20 janvier 1843).

34. Il n'y a pas fausse plaque, lorsqu'on ne fait

qu'employer momentanément la voiture *d'un voisin*, et que ce fait peut être établi.

Cette sévérité dans l'application de l'article 34 du décret de 1806 s'explique par l'importance de la mesure.

IIme SECTION. — Voitures d'agriculture.

35. Les voitures d'agriculture ont toujours été l'objet d'exceptions dans les diverses lois et ordonnances qui se sont succédées sur la police du roulage. Ces faveurs se justifient facilement. La nécessité de passer sur des sols gras ou de gravir des côtes escarpées, le mauvais état des chemins d'exploitation, sont des obstacles invincibles à l'emploi des bandes larges dans les campagnes.

Examinons la nature et l'étendue de ces exceptions encore ignorées par beaucoup de propriétaires, et que tous ont besoin de relire de temps à autre pour ne pas équivoquer sur des termes qui sont *limitatifs*.

§ 1.er Jantes et Poids.

36. La première exception en faveur des voitures d'agriculture se trouve écrite dans l'article 8 de la loi du 7 ventôse an XII. Elle fut reproduite, avec des précisions, dans l'article 8 du décret du 23 juin 1806. Ce décret établissait un *maximum* de chargement de 4000 kilogrammes,

que ces voitures ne pouvaient dépasser lorsqu'elles
fréquentaient les grandes routes.

La jurisprudence du Conseil-d'État avait, en
outre, limité cette exception aux voitures qui se
rendaient de la ferme aux champs, ou des champs
à la ferme, ou bien qui servaient au transport
des objets récoltés du lieu où ils avaient été recueillis
à celui où les déposait le propriétaire pour les
conserver. Les transports de denrées au marché,
les transports d'approvisionnements et engrais, etc.,
rentraient dans les règles ordinaires du roulage.

37. L'ordonnance du 2 octobre 1844 a introduit
d'heureuses modifications à cet état de choses. Voici
comment s'exprime l'article 3 de cette ordonnance :

« Sont exceptées des dispositions relatives à la
» largeur des bandes des roues et à la vérification
» des poids, les voitures employées à la culture
» des terres, au transport des récoltes et à l'exploi-
» tation des fermes.

» Jouiront de l'exception énoncée ci-dessus toutes
» les voitures qui se rendent de la ferme aux champs
» ou des champs à la ferme, ou qui servent au
» transport des objets récoltés du lieu où ils ont
» été recueillis jusqu'à celui où pour les conserver
» ou les manipuler, le cultivateur les dépose ou
» les rassemble. »

Il résulte de cet article que les voitures d'agriculture ayant une des destinations indiquées ci-
dessus, quel que soit leur attelage, ne sont soumises
à aucune règle.

38. Une circulaire du Ministre des travaux publics, du 15 septembre 1846, étend cette exception aux voitures employées aux prestations pour les chemins vicinaux. Cette faveur était indispensable; sans cela, le propriétaire eût pu être obligé d'avoir une charrette spécialement destinée aux journées de prestations.

39. Les exceptions énumérées dans l'article 3 de l'ordonnance du 2 octobre 1844, sont *limitatives*. Les décisions suivantes du Conseil - d'État l'indiquent suffisamment.

Une voiture employée par un propriétaire à transporter les denrées de l'une de ses résidences à une autre, où il avait l'habitude de passer quelques mois de l'année, ne peut être considérée comme une voiture d'agriculture rentrant dans l'un des cas d'exception ci-dessus énoncés. (25 avril 1845. Baudenet).

Les voitures employées par un propriétaire à transporter sur une place les pierres qui encombraient ses champs et nuisaient à l'agriculture, ne jouissent pas de la faveur spéciale accordée aux voitures d'agriculture. (9 décembre 1845).

40. La Chambre des députés avait admis les mêmes exceptions que celles qui sont spécifiées dans l'article 3 ci-dessus, lors de la discussion du projet de loi sur la police du roulage, pour les voitures servant au transport des denrées aux marchés voisins ou au transport des approvisionnements et engrais. La Chambre des pairs, au contraire,

refusa de concéder, pour ces derniers cas, une liberté sans limites. C'est l'opinion de cette dernière Chambre qui se trouve reproduite dans l'art. 4 de l'ordonnance du 2 octobre 1844, dont voici la teneur:

« Sont encore exceptées des dispositions relatives
» à la largeur des bandes des roues, toutes voi-
» tures dont le poids, y compris voiture et char-
» gement, n'excède pas 2500 kilog., si elles sont
» à deux roues, et 4000 kilogrammes, si elles
» sont à quatre roues, lorsqu'elles sont employées:

» 1.º Aux transports exécutés directement par
» les propriétaires, fermiers et colons partiaires,
» pour la vente de leurs denrées aux marchés
» voisins, ainsi que pour leur approvisionnement
» en denrées, amendements, engrais et matériaux
» destinés à l'entretien et à la reconstruction des
» bâtiments d'exploitation rurale.

» 2.º Aux transports exécutés par les fermiers
» et colons partiaires pour la livraison au proprié-
» taire de la part qui lui est afférente.

« Ces voitures ne profiteront, dans ces divers
» cas, de l'exception ci-dessus énoncée, qu'autant
» qu'elles n'emprunteront les routes royales ou
» départementales que pour une distance de *trois*
» *myriamètres au plus.* »

Ces nouvelles exceptions contenues dans l'art. 4 sont subordonnées à deux conditions :

1.º Le poids. — Il ne doit pas excéder 2500 kilog. pour les voitures à deux roues, et 4000 kilogrammes pour celles à quatre roues:

2.° Le parcours. — Ces voitures ne doivent pas employer les routes royales ou départementales pour une distance de plus de trois myriamètres.

§ II. Tolérance.

41. A défaut de ces deux conditions, les voitures ayant cette destination rentrent dans le droit commun. Cependant, dans cette dernière hypothèse, on a encore considéré que le cultivateur devait avoir plus de difficultés que ceux qui se livrent à l'industrie des transports, à composer son chargement dans les limites des poids autorisés, et la tolérance accordée a été *double* de celle accordée aux voitures de roulage.

« Les voitures ci-dessus mentionnées, dit le » dernier alinéa de l'article 4, lorsque leur poids » excédera le poids exceptionnel déterminé au » § 1.er du présent article, seront soumises aux » règles du tarif du roulage; mais dans ce dernier » cas, la tolérance accordée par le § 2me de » l'article 2 ci-dessus, sera augmenté de moitié » en sus. »

La tolérance est donc, en toute saison, de 400 kilog. pour les voitures à 2 roues, et de 600 kilog. pour les voitures à 4 roues.

42. Lorsqu'un procès-verbal a été dressé pour contravention à la police du roulage, celui qui en est l'objet doit avoir le soin de préciser dans ses défenses devant le Conseil de préfecture quelle était la *nature* du chargement et la *destination* du

transport : quel a été le *parcours* de la charrette sur la route royale ou départementale ; faire connaître, en un mot, si la charrette se trouvait dans une des exceptions prévues par les articles 3 et 4 de l'ordonnance du 2 octobre 1844.

Pour que ces faits, ainsi que dans tous les cas possible de défense, ne puissent pas être considérés comme des allégations, il est prudent de les faire immédiatement certifier par le Maire, le juge de paix ou tout autre officier de police, et de produire les pièces justificatives.

43. Les voitures d'agriculture qui n'ont pas une des destinations précisées dans les articles 3 et 4 de l'ordonnance du 2 octobre 1844, rentrent dans la catégorie des voitures de roulage et sont soumises aux mêmes règles. (Voir dans ce cas les articles 11, 12, 13, etc.).

44. Lorsqu'une voiture se trouve par sa destination dans un des cas de l'article 4 de l'ordonnance ou même lorsqu'elle devient par la nature de son chargement, voiture de roulage, si elle n'est attelée que d'un cheval ou de deux bœufs, les bandes des roues ne sont soumises à aucune condition de largeur. La largeur des jantes se détermine, en effet, par le poids, et le poids que peut traîner un cheval ou deux bœufs est, d'après la législation actuelle, supposé inoffensif. Il en serait autrement, si la même voiture était traînée par deux mulets. (Voir spécialement les articles 1, 2, 3, etc.).

§ III. Clous des bandes a têtes de diamant.

45. L'ordonnance du 2 octobre 1844 ne dispense les voitures d'agriculture ou les voitures destinées au transport des denrées, que de la largeur des bandes des roues et du taux des chargements. Les autres prescriptions relatives aux voitures de roulage s'appliquent aux voitures d'agriculture dans quelles conditions qu'elles se trouvent.

Il est, par conséquent, défendu, sous peine de contravention, d'avoir aux bandes des roues des voitures d'agriculture des clous à tête de diamant, qui formeraient saillie de plus d'un centimètre. (Voir l'article 21).

§ IV. Essieux et Moyeux.

46. L'essieu de ces voitures ne peut également excéder deux mètres cinquante centimètres, et chaque bout ne peut saillir au-delà des moyeux de plus de 6 centimètres. (Voir article 23).

La saillie des moyeux, en y comprenant celle de l'essieu, ne peut avoir, par voie de suite, plus de douze centimètres à partir du plan extérieur des bandes. (Voir article 24).

§ V. Plaque.

47. La plaque, nous avons déjà eu occasion de le dire, a été exigée pour pouvoir connaître le nom des contrevenants aux lois de la police du roulage. Elle devait donc être prescrite pour les

voitures d'agriculture, comme pour les autres voitures de roulage.

La jurisprudence du Conseil-d'État a, néanmoins, établi une distinction entre les voitures d'agriculture proprement dites, telles que les définit l'art. 3 de l'ordonnance du 2 octobre 1844, et celles comprises dans l'article 4 de la même ordonnance. Voici cette distinction :

48. La disposition de l'article 39 du décret du 23 juin 1806, qui astreint à la plaque les voitures de roulage, n'est pas applicable aux voitures d'agriculture. (Ordonnance du 20 février 1846).

49. Les voitures d'agriculture employées pour porter des denrées de la ferme au marché voisin, rentrent dans la classe des voitures de roulage et sont soumises à la formalité de la plaque. (Ordonnance du 23 juin 1846).

Il semble ressortir de ces deux décisions que la plaque n'est exigée que pour les voitures ayant une des destinations énoncées dans l'article 4 de l'ordonnance précitée.

(*Voir* pour les diverses décisions concernant la formalité de la plaque, les art. 28, 29 etc.).

50. Le propriétaire poursuivi pour avoir fait circuler une charrette sans plaque, devra, d'après cette distinction, indiquer dans ses défenses, si sa charrette se trouvait par *la nature* de son chargement, dans une des exceptions écrites dans l'article 3, et produire un certificat émané de l'autorité qui le constate.

Malgré cette jurisprudence, il est prudent d'avoir une plaque à toutes les charrettes. La même voiture est ordinairement employée au service de l'exploitation et aux transports qui se font aux marchés voisins. En serait-il autrement que, dans tel cas donné où la plaque est nécessaire, on pourrait prendre, par mégarde, la charrette qui n'en serait pas pourvue? Le seul moyen, nous le répétons, de prévenir ces inconvénients, c'est de munir d'une plaque toutes les charrettes qui se trouvent sur une ferme.

51. Les prescriptions relatives aux voitures d'agriculture, que nous venons de parcourir, ne sont exigées que lorsque ces voitures circulent sur une route *royale* ou *départementale*.

La conservation des chemins vicinaux de grande communication pour lesquels les départements ont fait et font encore de si grands sacrifices préoccupera, sans nul doute, le législateur lorsqu'il sera appelé à réviser la loi sur la police du roulage.

§ VI. Objets indivisibles.

52. Pour compléter les exceptions introduites en faveur de certaines natures de chargements, nous devons parler des cas où les chargements se composent d'objets indivisibles, tels que pierres, marbres, arbres, etc., dont le poids ne peut être diminué.

« Les objets indivisibles (dit l'art. 9 du décret

» du 25 juin 1806), tels que pierres, marbres.
» arbres et autres, dont le poids ne peut être
» diminué, sont exceptés des dispositions qui pré-
» cèdent, et pourront être transportés par des
» voitures dont la dimension des jantes serait infé-
» rieure aux largeurs déterminées.

» Néanmoins les Préfets sont autorisés à appli-
» quer les dispositions du présent décret aux
» voitures, habituellement employées à l'exploi-
» tation des carrières et à celle des forêts. Les
» propriétaires de ces voitures seront tenus d'obtem-
» pérer aux règlements des Préfets, sous les peines
» portées par la loi du 7 ventôse an XII. »

Il résulte de cet article qu'il est permis de transporter un objet *indivisible* sur une voiture dont la
largeur des jantes est inférieure à celle que com-
porte le poids de chargement, pourvu que cette
largeur ne soit pas au-dessous de *onze centimètres*,
si la voiture est attelée de plusieurs chevaux.

Cette exception ne reçoit pas d'application lorsque la voiture est chargée de 2, 3 ou 4 pièces,
parce qu'un chargement de 2 ou 3 pièces n'est
pas indivisible ; on aurait pu ne mettre qu'une
pièce. (5 décembre 1843. Délicieux).

Le 1.er § de l'article 9 du décret n'est applicable
qu'aux transports habituels, et l'administration
conserve le droit d'autoriser un propriétaire à
transporter avec ses voitures d'agriculture, les gros
arbres, les poutres et autres objets analogues, dont
il aurait besoin pour son service personnel.

§ VII. Traineaux.

53. Nous devons rappeler, avant de terminer cet ordre de matières, une mesure, toute spéciale au département de Tarn et Garonne, et relative aux traîneaux sur lesquels les cultivateurs placent quelquefois leur charrue lorsqu'ils se rendent au labourage, ou dont ils se servent pour transporter des arbres ou autres objets.

Frappée des dégradations occasionnées journellement aux routes par ces traineaux, l'administration crut devoir, le 30 octobre 1834, pour remédier à cet inconvénient, prendre l'arrêté qui suit :

Considérant, etc....

Arrêtons :

Art. 1.er Il est défendu à tous cultivateurs ou autres personnes de traîner sur les routes royales et départementales, autrement que sur des roues, des charrues, arbres ou autres objets, le tout sous les peines portées par la loi.

Art. 2. Toute contravention à la disposition qui précède, sera constatée par procès-verbal et poursuivie devant le conseil de préfecture, conformément à la loi du 29 floréal an x, et au titre ix du décret du 16 décembre 1811.

Cet arrêté est encore en vigueur et les prescriptions qu'il contient doivent être suivies sous peine de se voir condamner à l'amende.

CHAPITRE II.

Voitures dites Messageries, Diligences, Fourgons allant au trot, avec ou sans relais.

§ I.er JANTES ET POIDS.

54. Le gouvernement devait avoir pour réglementer ce mode de transport une triple sollicitude. Il fallait, tout en se préoccupant de la conservation des routes, faciliter la rapidité des déplacements et veiller à la sûreté des voyageurs. Parcourons rapidement les diverses mesures qui ont été prises à ce sujet.

Le décret de 1806 (tableau B n.° 1), n'admettait pas de voitures publiques à jantes de plus de onze centimètres.

L'ordonnance du 16 juillet 1828 (tableau B n.° 2) autorisa l'emploi de jantes de 14 centimètres, que maintint celle du 23 avril 1834 (tableau B n.° 3). Cette jante nuisait à la rapidité des voitures; aussi l'ordonnance du 15 février 1837 (tableau B n.° 4) n'admit plus que les jantes de 11 centimètres, en attribuant à ces jantes un poids plus élevé que le décret de 1806, doubla la tolérance et établit une différence de poids entre la saison d'été et la saison d'hiver.

Cette faveur de tarif ne fut accordée qu'aux

TABLEAU B.

Variations subies par les Tarifs des chargements des voitures dites Messageries, Diligences, Fourgons, allant au trot, avec ou sans relais.

N.° 1. — Décret du 23 juin 1806. Art. 6.

Largeur des jantes.	Poids.
6 centimètres.	2,000 kilog.
7 centimètres.	2,300.
8 centimètres.	2,600.
9 centimètres.	2,900.
10 centimètres.	3,200.
11 centimètres.	3,400.
1/2 centimètre..	100.

Maintenu.............. : 6 centimètres.
Abrogé........
Tolérance.. : 1/2 centimètre..

N.° 2. — Ordonnance du 16 juillet 1828. Art. 18.

Largeur des jantes.	Poids.
8 centimètres.	2,560 kilog.
11 centimètres.	3,520.
14 centimètres.	4,000.
Tolérance....	100 kilog.

Abrogé en entier...........

N.° 3. — Ordonnance du 13 avril 1834. Art. 1.er

Largeur des jantes.	Poids.
8 centimètres.	2,560 kilog.
11 centimètres.	3,520.
14 centimètres.	4,480.
Tolérance....	100 kilog.

Abrogé en entier, excepté pour les voitures non suspendues sur ressorts métalliques....................

N.° 4. — Ordonnance du 15 février 1837. Art. 2.

Largeur des jantes.	VOITURES A 4 ROUES.	
	Poids, Du 1.er avril au 20 novembre.	Poids, Du 20 novembre au 1.er avril.
7 centimètres.	2,400 kilog.	2,600 kilog.
8 centimètres.	3,100.	3,400.
9 centimètres.	3,400.	3,800.
10 centimètres.	3,700.	4,100.
11 centimètres.	4,000.	4,500.
1/2 centimètre..	200.	200.

Abrogé en entier............
Maintenu..... Tolérance..

Si la voiture n'est qu'à 2 roues, les poids seront de moitié.

N.° 5. — Ordonnance du 5 octobre 1843. Art. 1.er
Actuellement en vigueur.

Largeur des jantes.	Poids. Voitures à 2 roues.	Poids. Voitures à 4 roues.
7 centimètres.	1,500 kilog.	3,000 kilog.
8 centimètres.	1,750.	3,500.
9 centimètres.	2,000.	4,000.
10 centimètres.	2,250.	4,500.
1/2 centimètre.	200.	200.

Tolérance...

N.° 6. — Ordonnance du 29 octobre 1843.

Largeur des jantes.	Voitures avec des sassoires et contre sassoires.
10 centimètres.	Poids... 4,700 kilog.

voitures *suspendues sur ressorts métalliques*. Les voitures *suspendues sur bois* ou non *suspendues* restent encore placées sous l'empire de l'ordonnance du 23 avril 1834.

Elle réduisit, en outre, les poids attribués aux voitures à quatre roues à moitié pour celles à deux roues.

55. L'ordonnance du 5 octobre 1843 (tableau B n.° 5) est venue mettre en pratique le fruit de nouvelles expériences. Elle régit, à une exception près, les tarifs des chargements des voitures dites *messageries*.

Le *maximum* de la largeur des jantes n'est plus que de 10 centimètres. Les jantes de 7 et de 10 centimètres ont eu la plus grande augmentation de poids. Aucune faveur n'a été accordée à la jante de 6 centimètres : elle reste avec le poids autorisé par le décret de 1806.

Cette ordonnance fait aussi disparaître la différence de poids suivant la différence de saison. La tolérance est la même que celle fixée par l'ordonnance de 1837, de 1/2 centimètre pour la largeur des jantes, et de 200 kilogrammes pour le poids.

56. L'ordonnance du 29 octobre 1845, qui modifie celle de 1843, repose sur un cas spécial. Un système nouveau qui agrandit les compartiments intérieurs des voitures, rapproche du sol le centre de gravité et apporte dans la ferrure de l'avant-train des modifications qui accroissent les condi-

tions de solidité, a été adopté par les entrepreneurs des messageries.

Ce système consiste en deux grandes portions de cercle de fer de 1 ^{m} 15 ^{c} de diamètre dites *sassoire* et *contre-sassoire*, au moyen desquelles la charge qui pèse sur les ressorts de devant est toujours reportée sur l'essieu à 0 ^{m} 575 millièmes de chaque côté de la cheville ouvrière, tandis que, dans l'ancien mode de construction, la charge portée sur l'avant-train repose uniquement sur la cheville ouvrière, au milieu de l'essieu.

L'augmentation de poids, en sus du poids autorisé pour les voitures à jantes de 10 centimètres, est de 200 kilogrammes.

La hauteur du chargement qui n'est pour les diligences ordinaires que de trois mètres dix centimètres, reçoit, lorsqu'on emploie des voitures construites d'après le système que nous venons de décrire, une augmentation de dix centimètres sur la hauteur habituelle.

57. La vérification du poids des voitures dites messageries se fait, comme pour les voitures de roulage, au moyen des ponts à bascule, sans que ce mode soit d'ailleurs exclusif.

58. Il arrive souvent que les conducteurs de ces voitures font descendre les voyageurs qu'ils n'auraient pas dû prendre, pour les faire remonter après avoir passé le pont à bascule. Doit-on, dans ces cas-là, appliquer la présomption du *maximum* de surcharge? Le Conseil-d'Etat a décidé la néga-

live. On doit évaluer le poids de chacun des voyageurs descendus à raison de 75 kilogrammes, et
décider, d'après cette base, s'il y a surcharge et
qu'elle en est l'étendue. (28 août 1844. Messageries
royales).

§ II Exemption de Pesage.

59. L'ordonnance du 15 février 1837, pour
encourager la construction des voitures légères et
augmenter la vitesse de la locomotion, avait affranchi
de la vérification de leurs poids les voitures destinées
au transport des voyageurs, dont la largeur des
jantes et le nombre des chevaux attelés seraient
tels, qu'il ne serait pas présumable qu'elles pussent
se trouver en dehors des limites posées par le tarif.
Les termes de cette ordonnance se trouvent repro-
duits par l'article 3 de celle du 5 octobre 1843.

« Sont affranchies de la vérification de leurs
» poids :
» 1.° Les voitures publiques employées au
» transport des voyageurs, *suspendues sur ressorts*
» *métalliques*, allant au trot, avec relais, ou ne
» parcourant au trot ou sans relais qu'une distance
» de 3 myriamètres, pourvu qu'elles soient attelées
» de *trois* chevaux au plus et montées sur quatre
» roues ayant sept centimètres au moins de largeur
» de bandes ;
» 2.° Les voitures publiques mentionnées au
» paragraphe précédent, pourvu qu'elles soient
» attelées de *quatre* chevaux au plus et montées

» sur quatre roues ayant 9 centimètres, au moins,
» de largeur de bandes »

Nous n'avons pas besoin d'ajouter qu'il faut s'en tenir à la lettre de l'article, et que, si l'une des conditions exigées vient à manquer, il n'y a plus à révendiquer le bénéfice de l'exception.

Si le conducteur dételait un cheval, pour l'atteler de nouveau après avoir passé les lieux de vérification, il y aurait, sans nul doute, contravention.

60. Sous l'empire de l'ordonnance du 15 février 1837, le Conseil-d'État avait décidé, contre l'opinion de M. le Ministre des travaux publics, que les voitures qui, indépendamment des voyageurs et de leurs bagages, transportent des *effets de messageries*, mais qui réunissent les condions de l'article 3 de l'ordonnance du 15 février 1837, sont dispensées de la formalité du pesage aux ponts à bascule (14 janvier 1842. Toulouse.)

Les termes de l'ordonnance du 5 otobre 1843 étant les mêmes, quant aux exceptions pour le pesage, que ceux de l'ordonnance de 1837, la jurisprudence du Conseil-dÉtat doit encore avoir toute sa force.

§ III. Clous des bandes a tête de diamant.

61. L'article 18 de l'ordonnance du 23 juin 1806 est applicable aux voitures dites *messageries* comme aux voitures de roulage. Les clous des bandes ne doivent pas former saillie de plus d'un centimètre.

§ IV. Essieux et Moyeux.

62. Le *maximum* de la longueur des essieux de *toute espèce de voiture* est fixé, dit l'art. 16 du même décret de 1806, à deux mètres cinquante centimètres, entre les deux extrémités. — L'article 17 ajoute : Quant aux voitures qui seront construites sur des voies inégales l'essieu de derrière ne pourra excéder deux mètres cinquante centimètres et celui de devant sera raccourci de la quantité nécessaire pour établir l'inégalité de la voie.

De-là, il ressort que pour les voitures dites messageries, qu'elles soient à voies égales ou inégales, la longueur des essieux ne peut dépasser deux mètres cinquante centimètres.

63. L'ordonnance du 16 juillet 1828 a également fixé un *minimum* de largeur.

« Les voitures publiques auront *au moins* 1 mètre soixante-deux centimètres de voie entre les jantes de la partie des roues pesant sur le sol.

» La voie des roues de devant ne pourra être moindre, lorsque les voies seront inégales, de un mètre cinquante-neuf centimètres.

» Néanmoins, notre Ministre de l'intérieur pourra, sur la proposition motivée des Préfets, autoriser les entrepreneurs qui exploitent les routes, à travers les montagnes, non desservies par la poste, à donner une largeur de voie égale à la plus large voie en usage dans le pays (article 9). »

64. Les moyeux, en y comprenant la saillie de

l'essieu, ne doivent pas, non plus, excéder de plus de douze centimètres un plan passant par la face extérieure des jantes (art. 1.er, ordonnance du 29 octobre 1828).

§ V. Exceptions. — Malles-Postes.

65. Les malles-postes destinées au transport de la correspondance du Gouvernement et du public, sont en dehors des prescriptions ordinaires, quant à leur forme, leur dimension et leur chargement.

Les voitures des particuliers qui transportent les dépêches par entreprise, ne sont pas considérées comme malles-postes (art. 37, 16 juillet 1828).

§ VI. Service militaire.

66. Les voitures de l'artillerie ne sont soumises ni à la fixation du poids, ni à la largeur des jantes, ni à la longueur des essieux des voitures ordinaires. Il devra y avoir au côté gauche de la voiture une plaque en métal, portant ces mots : *Artillerie royale*. Il en est de même des charriots et fourgons appartenant aux corps militaires et voyageant à leur suite.

La même disposition est commune aux voitures et charriots d'ambulance des hôpitaux militaires, caissons des vivres et équipages appartenant à l'État.

67. *Ne pourront*, *dans aucun cas*, être considérées comme voitures d'artillerie, des hôpitaux militaires ou autres services, celles que les entrepreneurs de transports emploieront pour le service

des corps de l'artillerie, des hôpitaux militaires ou des autres services.

§ VII. Réglements généraux relatifs a la construction des voitures, dites messageries, a la police des relais, etc.

L'ordonnance du 16 juillet 1828, abrogée pour le tarif des poids, est en pleine vigueur pour ce qui constitue les règlements généraux relatifs à la dé-claration préalable, à la construction des voitures, à la police des relais et des postillons, etc.... Indi-quons-en les dispositions principales.

Les propriétaires ou entrepreneurs de voitures publiques, allant à destination, se présenteront devant les Préfets ou Sous-préfets pour faire la déclaration du nombre de places qu'elles contien-nent, du lieu de leur destination, du jour et de l'heure de leur départ, sous peine d'être poursuivis conformément à l'article 3, titre iii de la loi du 29 août 1790.

Toute nouvelle entreprise est soumise à la même déclaration. Il en est de même lorsqu'un proprié-taire ou entrepreneur de voitures augmente ou diminue le nombre de ses voitures ou le nombre des places de chacune d'elles, lorsqu'il change le lieu de sa résidence, etc. (art. 1.er et suivants).....

68. Les voitures porteront à l'extérieur le nom du propriétaire ou de l'entrepreneur et l'estampille délivrée par l'administration des contributions in-directes (article 4).

69. Elles porteront dans l'intérieur l'indication du nombre des places qu'elles contiennent, ainsi que le n.° et le prix de chaque place du lieu du départ à celui de la destination. Ils ne pourront y admettre un plus grand nombre de voyageurs que celui que porte l'indication ci-dessus (art. 5).

70. Tout entrepreneur ou propriétaire de voitures publiques qui ne sont pas conduites par les maîtres de poste devra faire, à la préfecture de chaque département où ses relais sont établis, la déclaration des lieux où ils sont placés, et du nom du préposé à chaque relais (art. 27).

71. Le Maire de la commune où le relais est placé, prévenu par le Préfet du département, surveillera la tenue du relais, sous le rapport de la sûreté des voyageurs.

72. Tout chef d'un bureau de départ et d'arrivée d'une voiture publique, tout préposé à un relais, tiendra un registre coté et paraphé par le Maire, dans lequel les voyageurs pourront inscrire les plaintes qu'ils auront à former pour tout ce qui concerne la conduite de la voiture. Les maîtres de poste qui conduiraient des voitures publiques présenteront aux voyageurs qui le requerront le registre qu'ils sont obligés de tenir d'après le réglement des postes (29).

CHAPITRE III.

Dispositions générales.

§ I.er Moyen de distinguer les voitures auxquelles s'appliquent les lois sur la police du roulage.

73. Les lois et règlements sur la police du rou-lage ne concernent que les voitures employées au transport des denrées et marchandises, et les messageries et autres voitures publiques affectées au transport des voyageurs. La distinction entre les voitures publiques et celles qui ne le sont pas, est aisée à établir. Il n'en est pas de même pour reconnaître, parmi les voitures privées, celles dont la destination est de transporter des voyageurs, ou bien des denrées et marchandises. La manière dont elles sont construites n'est pas toujours un indice bien précis du but qu'elles sont destinées à remplir. On voit souvent des charriots ou voitures non suspendues qui servent, tantôt au transport des personnes, tantôt au transport des marchandises.

La jurisprudence du Conseil-d'État a établi une règle prudente, et qui ne peut jamais permettre d'équivoquer. Elle veut que l'on considère non *l'usage habituel* et le *mode de construction* des voitures, mais le transport auquel elles sont employées, à l'instant où elles sont rencontrées par les agents de police des routes. (Ord. du 23 décembre 1842, Cazeau).

De là, la nécessité pour ceux qui constatent des procès - verbaux, ainsi que nous le dirons plus longuement, de bien préciser *l'emploi* auquel était destinée la voiture au moment où le procès-verbal a été dressé.

§ II. Autorités appelées a constater les contraventions en matière de roulage.

74. Les contraventions, en matière de police de roulage, sont constatées *concurremment* par les maires ou adjoints, les ingénieurs des ponts et chaussées, leurs conducteurs, les commissaires de police et les gendarmes. (Art 2. Loi du 29 floréal an x).

Les préposés aux droits réunis et aux octrois. (Art. 1.er décret du 18 août 1810).

Les gardes-champêtres ont aussi le droit de verbaliser. (Art. 112 du décret du 16 décembre 1811. Ord. du Conseil - d'État du 1.er mars 1842, Min. des trav. publics).

Enfin, la loi du 23 mai 1842 (art. 2) a donné pouvoir aux piqueurs des ponts et chaussées et aux cantonniers chefs, commissionnés et assermentés à cet effet, de constater les contraventions aux lois ou règlements de la police du roulage.

75. En dehors de ces fonctionnaires, des agents spéciaux ont été appelés à concourir à la répres-

sion de certaines contraventions. Les préposés aux ponts à bascule constatent les contraventions relatives au poids des voitures. (art. 10, décret du 23 juin 1806).

Le Conseil-d'État a décidé que leur surveillance n'était pas restreinte à la vérification à faire au passage des voitures devant leur pont à bascule. (Ord. du 26 décembre 1840. Min. des trav. publ.)

§ III. Forme des procès-verbaux.

76. Les lois sur la police du roulage ne précisent aucune formalité de rigueur dans la rédaction des procès-verbaux. De là, les Conseils de préfecture de doivent pas annuler un procès - verbal qui contiendrait des omissions qui pourraient être réparées. L'inexactitude , par exemple , dans la désignation du propriétaire de la voiture ne serait pas une nullité, si l'instruction venait faire connaître le véritable nom du contrevenant. (Ord. du 18 novembre 1842. Fillon).

Les procès-verbaux doivent être datés, signés et contenir, autant que possible, les noms, qualités et demeures des fonctionnaires rédacteurs; le nom, la profession et demeure du délinquant.

La nature du délit doit y être surtout bien précisée. Dans les cas de surcharge, par exemple, il ne suffit pas d'indiquer la surcharge, mais le poids total, afin que les juges puissent apprécier eux-mêmes s'il y a ou s'il n'y a pas contravention. Lorsqu'il s'agit de la largeur des essieux ou de la longueur des clous des bandes, les fonctionnaires rédacteurs doivent également indiquer qu'ils en ont fait le mesurage. Il doit toujours y être fait mention de la *nature* du chargement et, si cela est possible, de la destination du transport. Les déclarations des délinquants, faites spontanément ou sur interpellation, doivent aussi y être consignées.

§ IV. Affirmation.

77. L'affirmation des procès-verbaux est de *rigueur*.

« Les préposés ci-dessus désignés ((les pré-
» posés aux droits réunis et aux octrois)) (art. 2.
» Décret du 18 août 1810) ainsi que les fonction-
» naires publics désignés en l'article 2 de la loi du
» 29 floréal an 10, seront tenus d'affirmer devant
» le juge de paix les procès-verbaux qu'ils seront
» dans le cas de rédiger, lesquels ne pourront
» autrement faire foi ni motiver une condam-
» nation. »

Le décret du 16 décembre 1811, article 112, ajoute :

« Les cantonniers, gendarmes, gardes-champê-
» tres, conducteurs des ponts et chaussées, et
» autres agents appelés à la surveillance de la police
» des routes pourront affirmer leurs procès-verbaux
» de contravention devant le maire ou l'adjoint
» du lieu. »

Il résulte de ces deux articles que l'affirmation

doit être nécessairement faite ; qu'elle peut l'être *indistinctement* devant le juge de paix , le maire ou l'adjoint. C'est là , du reste , la jurisprudence de Conseil-d'État (ord. du 23 juin 1801.-Schwarts).

78. Doit-elle être faite devant le juge de paix ou le maire de la résidence de l'affirmant , ou du lieu de la contravention? Le Conseil-d'État a décidé que le silence de la loi laissait la faculté de faire cette affirmation , soit devant le juge de paix ou le maire de l'affirmant, soit devant le juge de paix ou le maire du lieu de la contravention (ord. du 15 juin 1842, Lelièvre).

79. Le délai dans lequel cette affirmation doit être faite n'est déterminé nulle part. Il faut encore s'en rapporter à la jurisprudence du Conseil-d'État, qui a fixé ce délai à trois jours. (ord. du 22 août 1894 , Olivier).

Ce délai a été adopté par les deux Chambres lors de leur discussion du projet de loi sur la police du roulage.

§ V. NOTIFICATION.

80. Aucune disposition n'indique que l'administration soit tenue de notifier aux délinquants copie des procès-verbaux dressés contre eux. Ainsi, un Conseil de préfecture ne pourrait se refuser à statuer pour défaut de notification au prévenu. (Ordonnance du 18 novembre 1842).

Nous nous hâtons d'ajouter que l'administration se fait un devoir de notifier copie du procès-verbal

au prévenu, en lui accordant un délai de. . . . .
pour présenter ses moyens de défense, ou en l'as-
signant à comparaître à jour fixe. Cette jurisprudence est on ne peut plus louable, puisqu'elle
maintient la liberté de la défense, qui, s'il en
était autrement, serait bien souvent anéantie.

§ VI. Compétence des Conseils de préfecture et des Maires.

81. La compétence des Conseils de préfecture
pour réprimer les contraventions en matière de
police de roulage, est écrite dans la loi du 28 plu-
viôse an VIII, art. 4; — du 29 floréal an X, art. 4; —
du 7 ventôse an XII, art. 3; — dans le décret du 23
juin 1806, art. 38; — dans l'ordonnance du 23
décembre 1816, art. 7; — et dans l'ordonnance du
29 octobre 1823, art. 3.

82. Il est utile d'examiner la portée de l'art. 38
du décret du 23 juin 1806 qui, tout en déterminant
la compétence du Conseil de préfecture, parle aussi
de celle des maires; il est ainsi conçu :

« Les contestations qui pourraient s'élever sur
» l'exécution du présent règlement, et notamment
» sur le poids des voitures, sur l'amende et sur sa
» quotité, seront portées devant le maire de la
» commune et par lui jugées sommairement, sans
» frais et sans formalités; ses décisions seront exé-
» cutées *provisoirement*, sauf le recours au Conseil
» de préfecture, comme les matières de voirie,
» selon la loi de floréal an X. »

Des doutes s'étaient élevés sur cette juridiction des maires : était-ce bien un premier degré de juridiction, ou bien un simple acte d'exécution provisoire qui leur était attribué ?

Une ordonnance du 29 novembre 1822 a éclairci la question :

« Toutes contraventions aux règlements du 23
» juin 1806, concernant le poids des voitures et la
» police du roulage, doivent être dénoncées aux
» maires qui rendront, sans frais et sans formalités,
» une décision *provisoirement* exécutoire, et feront
» s'il y a lieu consigner l'amende encourue (art. 1.er).

» Il sera statué ultérieurement sur toutes lesdites
» contraventions par le Conseil de préfecture, soit
» que les contrevenants exercent ou n'exercent pas
» leur recours » (art. 2).

Il résulte de ces deux articles que le maire n'est chargé que d'un acte d'*exécution provisoire* à l'effet de pourvoir à la consignation de l'amende, sur laquelle il appartient au Conseil de préfecture de statuer. L'intervention du maire ne peut même avoir lieu que dans le cas de contestation entre l'agent qui dresse procès-verbal et le contrevenant. (Circul. du minist. des trav. publ. du 22 janvier 1840.)

83. La compétence du Conseil de préfecture pour réprimer la contravention relative aux plaques avait été contestée; l'ordonnance du Conseil-d'Etat du 17 mars 1825 est venue rendre aux Conseils de préfecture ce droit de répression.

84. Il arrive quelquefois que la juridiction administrative et la juridiction répressive peuvent agir simultanément. Un même procès-verbal peut dénoncer une contravention aux règlements sur le roulage et un délit. Le Conseil de préfecture condamne le délinquant à l'amende pour la contravention, et le procès-verbal est renvoyé au Procureur du Roi, pour que ce dernier fasse statuer sur le second chef ce qu'il appartiendra.

§ VII. Appel.

85. Le délai de trois mois est accordé pour relever appel devant le Conseil-d'Etat des arrêtés du Conseil de préfecture.

§ VIII. Opposition.

86. L'opposition aux arrêtés d'un Conseil de préfecture rendus par défaut, est recevable tant qu'il n'y a pas eu d'exécution.

§ IX. Prescription de l'action.

87. Aucune loi n'indique dans quel laps de temps l'action administrative se prescrit contre une contravention. Il fallait cependant créer un délai, car le délinquant ne pouvait pas constamment rester sous les coups de l'attente d'une poursuite. On a eu recours aux règles du droit commun pour déterminer cette prescription (art. 640, Code d'instruction criminelle).

Quelle que soit la quotité de l'amende à encourir,

l'action est prescrite par un an. (Ordonn. du Conseil-
d'Etat du 13 avril 1842. Guyard).

§ X. Pénalités.

88. C'est surtout en vue des réformes à apporter
à la pénalité, que la nécessité d'une loi nouvelle sur
la police du roulage se fait vivement sentir. La
plupart des amendes sont fixes, et le juge, qui doit
toujours pouvoir apprécier le degré de culpabilité
de l'acte incriminé, a les mains liées pour pro-
portionner, après cet examen, la peine à la contravention.

Il y a, dans l'état actuel des choses, un principe
important à constater.

Les amendes en matière de police du roulage
participent, à la fois, du caractère des *dommages-
intérêts* et des *peines*. L'article 4 de la loi du 9 floréal
an x porte : « Les contrevenants seront condamnés
» à payer les *dommages* réglés par le tarif suivant,
» etc....... »

L'article 7 de l'ordonnance du 23 décembre 1816
dit aussi : « Les contraventions pour excès de char-
» gement en temps de dégel, etc....., donneront
» lieu à l'amende, à titre *de dommages*. »

89. De-là, si plusieurs contraventions ont été
commises par une même personne, le Conseil de
préfecture doit infliger une amende pour chacune
d'elles, (Ord. du 23 juillet 1840. Juets). L'art. 365
du Code d'instruction criminelle ne peut pas être
appliqué. Chaque amende représente, en effet, le

dommage partiel causé au domaine public. .

90. De là, encore, ce n'est pas seulement le conducteur de la voiture, mais le propriétaire que l'on peut poursuivre.

Les poursuites sont même valablement dirigées contre le propriétaire, alors que le domestique qui conduisait la voiture aurait refusé de passer sur un pont à bascule, et qu'il y aurait eu, par suite de ce refus, un excès *présumé* de chargement. Si l'amende avait simplement le caractère de *peine*, le conducteur seul pourrait être poursuivi.

91. Indiquons maintenant, dans l'ordre que nous avons suivi en examinant la nature des contraventions, l'amende encourue pour chacune d'elles.

Jantes étroites. — Amende. (Loi du 7 ventôse an XII, art. 3).......................... 50 fr.

92. Poids. -- Surcharge. -- Amendes. (Art. 27 du décret du 23 juin 1806, rectifié par l'art. 1.er de l'ordonnance du 21 mai 1823).

Le taux des amendes pour surcharge doit être calculé à raison de ce qui excède le poids fixé par les règlements augmenté de la tolérance, (27 décembre 1844. Messageries. Lafitte et Caillard).

De 0 à 60 myriagrammes (*)....	25
De 60 à 120 *idem*...............	50
De 120 à 180 *idem*...............	75
De 180 à 240 *idem*...............	100

(*) 1 myriagramme équivaut à 10 kilogrammes.

De 240 à 300 *idem*............... 150

Et au-dessus de 300 *idem*........... 300

93. Clous à tête de diamant. — Amende. (Art. 29 du décret du 23 juin 1806, qui reproduit un arrêt du Conseil du 28 décembre 1783)..................... 15

94. Essieux. — Amende. (Art. 28 du décret du 23 juin 1806, qui reproduit le règlement du 4 mai 1629)............. 15

95. Moyeux. — Amende. Cette contravention doit être punie de la même peine que celle fixée par le décret du 23 juin 1806, art. 23, pour la longueur des essieux, quoique l'ordonnance du 29 octobre 1828 n'en prononce aucune (Ordonnance du 28 août 1844)...................... 15

96. Plaque. — Amende. (Art. 34 du décret du 23 juin 1806)............. 25

97. Fausse-plaque. — Amende. (Art. 39 du décret du 23 juin 1806)........... 50

98. Omission de la déclaration à laquelle sont soumis les entrepreneurs de voitures. — Amende. (Art. 1.er, ordonnnance du 16 juillet 1828, combiné avec l'art. 3 du décret du 29 août 1790)............. 50

Cette amende n'étant pas fixée par l'ordonnance du 16 juillet 1828, qui renvoie au décret du 29 août 1790, nous pensons que la loi du 23 mars 1842, qui permet de modérer les amendes fixes établies par les règlements antérieurs à 1791, jusqu'au vingtième, sans que ce minimum puisse descendre au-dessous de 16 francs, est applicable.

Sont-ce les Conseils de préfecture ou les tribunaux repressifs qui doivent prononcer cet amende? En principe, les conseils de préfecture sont chargés de réprimer les contraventions relatives à la conservation des routes, au maintien de la viabilité; les tribunaux répressifs, au contraire, doivent punir l'infraction aux règlements faits dans un intérêt de sûreté publique. Nous pensons que la formalité de cette déclaration est surtout exigée dans l'intérêt des personnes, ce qui, à notre avis, doit déterminer la compétence en faveur des tribunaux répressifs.

99. Préposés aux ponts à bascule. — Amende. (L'art. 35 du décret du 23 juin 1806 qui reproduit l'art. 11 du décret du 3 nivôse an VI, sur les préposés aux barrières, prononce une amende contre ceux qui injurient ou font subir de mauvais traitements aux préposés aux ponts à bascule, sans préjudice de dommages-intérêts, et de poursuites extraordinaires s'il y a lieu)......... 100 fr.

Sous l'empire du décret du 3 nivôse an VI, un arrêt de cassation du 7 nivôse an XIII (Sirey, t. VII, 2.me partie, page 1015), avait décidé que c'était aux tribunaux de police correctionnelle qu'il appartenait de statuer en matière d'injures proférées contre les préposés aux ponts à bascule. Il en est de même aujourd'hui.

100. **Refus de passer sur les ponts à bascule.** — Le refus de la part d'un voiturier de laisser vérifier le poids de sa voiture, constitue-t-il, en dehors de la présomption du *maximum* de chargement, une contravention punie par le tribunal de simple police ?

La Cour de cassation, par arrêt du 4 juillet 1846, (Sirey, t. 1, pag. 798), a décidé la négative, se fondant sur ce que les tribunaux de police n'ont attribution que pour connaître des contraventions aux règlements qui déterminent le poids et le mode de chargement des voitures.

Cette nouvelle jurisprudence, en opposition avec une circulaire de M. le Ministre des travaux publics du 16 novembre 1842, enlève toute sanction, autre que le maximum présumé de surcharge, au refus fait par les voituriers de passer sur les ponts à bascule.

101. **Contraventions de police.** — Les infractions aux règlements relatifs à la solidité des voitures, au mode de leur chargement, au nombre et à la sûreté des voyageurs, à l'indication dans l'intérieur des voitures des places qu'elles contiennent et du prix des places, etc.

Le fait des conducteurs de voitures de ne s'être pas tenus à la portée de leurs chevaux, de ne pas avoir cédé la moitié du pavé aux voyageurs, etc.... En un mot, les prescriptions de l'ordonnance du 16 juillet 1828, qui ont trait à la sûreté publique, tombent sous les coups des §§ 3 et 4 de l'art. 475

et de l'art. 476 du Code pénal. — Amende de 6 à 10 francs. — Le juge peut encore condamner à trois jours de prison.

En dehors des amendes prononcées par les Conseils de préfecture, pour excès de chargement, les contraventions à l'ordonnance du 23 décembre 1816, relative à la suspension du roulage en temps de dégel, sont aussi des contraventions de police.

§ XI Prescriptions des peines.

102. En l'absence de dispositions législatives à l'égard de la prescription des peines prononcées par le Conseil de préfecture contre les contrevenants à la police du roulage, nous sommes amenés à conclure, par analogie avec la jurisprudence du Conseil-d'État relative à la prescription de l'action en répression, que l'article 639 du Code d'instruction criminelle est applicable, et que l'amende se prescrit par deux ans.

Fin.

TABLE DES MATIÈRES.

CHAPITRE I.er

IIme section. — *Voitures d'agriculture.*

Les voitures d'agriculture ont-elles toujours
été l'objet d'exceptions, 35

CHAPITRE III.

Dispositions générales.

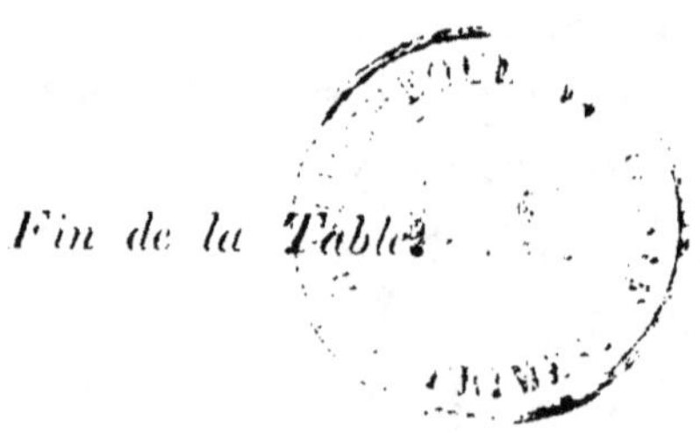

Fin de la Table.